Ron Winkler

KARTEN AUS GEBIETEN

Gedichte

Schöffling & Co.

Erste Auflage
© Schöffling & Co. Verlagsbuchhandlung GmbH,
Frankfurt am Main 2017
Alle Rechte vorbehalten
Satz: Fotosatz Amann, Memmingen
Druck & Bindung: Pustet, Regensburg
ISBN 978-3-89561-256-5

www.schoeffling.de
www.ronwinkler.de

KARTEN AUS
GEBIETEN

GRUNDSTÜCK FÜR EIN GEDICHT

NACHTKAPITEL

lange schon die Gangart schmal der Nacht, du schliefst, was wusstest du
vom Maul der Träume?
ich zog den Wallace aus dem Holster und weckte dich,
so nur zum Spaß, weit hinten rüstete der Mann
die Fauna mit Geweihen aus, sein Herz war ein Kaliber siebzehn
und seine Sprache
Aberschnee, das Territorium knarrte jetzt unter der Last
von Hufen, Pfoten, Sohlen,
der Trailerpark war plötzlich Garten Eden
und ich verkaufte Scheine reinen Lichts an Feen
aus der Karma-Cloud, du schnelltest Wind
in meine Richtung, all die Wimpern, mit denen ich
den Text des Evangeliums auf dem Appellplatz
ausgelegt, die wuschte es zu etwas Kratzigem zusammen,
ein Jägerzaun vielleicht, Schwarzgarben,
und nun hattest du die Showrunnerbox
in deinen Händen, ich packte noch mal Heu
aufs Katapult und opferte dem Eisbären das Fell, die Feen wurden wieder
Honig, die letzte sagte noch: hier wohn ich.
im Garten Eden brannte Genesis.

ich schrie mich hell aufs Land,
blickte uns an: das war keine See in deinen Händen
und kein Salz
und die Lage, die gesamte,
wirkte angespalten, du standest an der Fitnessgrenze bleich
und warfst mit Schaum,
was mir zu analog schien, wenn auch Plagestufe zwei,
und sah ein Ding mit Nesseln,
was mich dann doch auf Wasser schließen ließ,
obwohl du fragtest, was das sei,
das machte mich zu Wellen, schwer wie Elfenblei,
ein Schild, vom Praktikanten hochgehalten,
gab zu verstehen: der Äolische, der würde später erst erscheinen,
langsam und Gefieder,
so warteten wir, dein Nivellierstab schützte
draußen, weit draußen meinen Hai.

ein Iglu aus (so dachten wir) gepresstem Reis. hier endete das
Heizkraftwerk. jemand trat in die Pedale
eines Panzers, Tag des Knackens in den Gliedern,
der Reis war schwarz, das Megaphon verstopft,
der Panzer roch noch von der Überschwemmung,
ich schlang das Kalbfell eine Gottminute später
fester um die Heldin, sie kam aus dem Grenzgebiet
zwischen den Vokalen, noch hielt (so dachten wir) der Reis,
was sie versprochen hatte, vor der Platinhaut
des Baus der Siedler schimmerten vier Striche, später
Schemen, später Reiter, wir sahen Weihepeitschen,
grün gefärbte Lippen, sahen uns in der Heldin
an – rasend schnell begann der Reis (so dachten wir) zu keimen.

die Wanderdünen waren abgemacht, ich hatte bis zum Himmel freigebaut
die Rehe, Tonsuren trugen sie mir
zu, zum Streicheln, »das nannte man den Schafstall«, ich drehte
etwas Sand auf (Sand welchen Tieres?)
und wirkte (wogte), glaub ich,
wie bereitgestellt, die Brandung, unnachzischlich, kam
wie eine Werbung und ein Groucho
hielt für meine Lippen, fastete mich an – das Bündel Rautetasten mir
zu Händen klapperte, Chlorwerfer fuhren auf
die Wanderwege, die Scheunacht setzte ein, ich schoss
ein Lichtfeld von dem Regentropfen,
der den Despoten traf – dann Rehe, Rehe, Rehe.

Odysseus, du warst nur Kriege bis fünfhundert Lux, das war nicht meine
Kriegeweite, ich spezialisierte dich noch schnell auf
Allgemeines, zahlte dir den Lohn
für Heimat und entließ dich – es zog uns beiden
den Boden unter
den Frösten weg – und du flogst davon,
auch wenn der Tacho deines Pferdes nicht mehr funktionierte,
nur Funken schlug – die Restlichen, die nannten sich das
Regen, doch diesen Regen trank ich
nicht ins Meer und auch nicht ins Gebirge,
er gilbte sich sehr fest und ließ mich
seine Silben büßen in der Gegend
zwischen meiner Asternbrust
und dem Silbermöwenstreif am Horizont,
Tiere mit Motorik, die man nicht streicheln musste,
das war selbst den Restlichen bewusst,
die immer fragten,
wo noch »noch« sei, ich sagte: »Adieu bye, Odysseus«,
überließ dem Himmel
die Bläuungshoheit und pflanzte
dir ein kleines überweiches Stiefmeinnicht.

ich war squirreliger als viele andere jetzt, schrieb ich
Gedichte? ich weiß,
ich hatte bis zum Morgen Licht
gelaufen, obwohl doch die Schneerenen heulten,
die Tonnen für Altsauerstoff, die mussten leer sein jetzt, es ging um
dich, ich sag dir: Taxi, bring mich bis ans Ende
des Blütenblatts, ich zahl mit Karte
und: jag die Wimpern
über den Jordan,
das heißt die von der UNO nicht erfassten Dörfer,
du bist auch ohne schön, Schwester
des Dritten, ich mein es
gut, ich habe diese Regung aus den Büchern
der Techniken für Männer, betrachte mich
mit Heimat, vom Tempeldach der fahrbaren Moschee
an unserer Seite singt sanft der Rebbezin,
es muss ein Lied sein so
wie obdachgroßes Blech. polizistischere Menschen
als wir würden das nicht verstehen
oder doch nur, bis sie der Nebel holt.

der Dompteur des Informierens, er ließ die Brandung auf
sich zu, bis ich ihm applaudierte,
der Synchronsprecher betonte alles sehr
wie Wald, vergaß aber
die Wesen, die, auch wenn sie größer waren, Tiere schienen,
das war wirklich
schön, und außerdem steckte er mit den Füßen noch
in der Hexenwiege, sein Blick schwamm
auf mich zu, vorerst ließ ich ihn in Ruhe, die Übersetzer
noch nicht auf ihn los, ich wischte ihm nur ein paar
Tränen an, aus Diskretion, das
war wirklich, wirklich fast schon Sprechen, es invertierte
mir die Augen, so dass ich hören konnte,
wie die Tausendlüftlerin den Raum durchschwebte
in Richtung des Gepäckbands, auf dem die Grafen
den Canyon überquerten,
wo sie ihr Oberwasser gewannen,
ich nahm sie ernst, denn sie besaßen
rosa Orchideen und die Uniform
des Alterns, ich wurde Nacht und das Domptierte
verharrte scheinbar ohne Grund,
das Gepäck der Grafen hing im Engelshaargespinst
und im Ulyssidor
lag nun der Schal fürs Volk bereit.

verhandle mich noch ein Mal
mit dem Schauherz

und versperre nicht die Wimpern, versperre nicht
den ungelebten Strand

trotz all der Schneesamkeit um deinen Mund.

und
überspiel mir noch ein Glück.

das Meer (das)
soll ein Futteral sein.

schau her
vor Träumen und schau her vor
Stimme und schau her (hierher) vor Sinnlichkeit. die Muschel
ist doch voll (die)

und wie oft hab ich dir nicht schon das Salz?

das letzte Schaf (das)
hatten wir doch beide
aufgetropft,
das hatten wir doch
abgezopft von dieser Weide, wo die Mermaids
mit den Määmöös grasen.

nimm, Sire, doch die Kiesel
aus dem Mund,
was geht mich diese Flut an?

vom Kopf her
sind doch alle fast zertrümmert.

und deine Küste ist ein schwaches Verb,
da bauen auch die Büßer
(kauen) ihre Klippen.

du kannst ihn aber retten, wenn du das Wasser
nicht verschwendest, (das)
du wäschst.

KARTEN AUS GEBIETEN

o

Es ist Sonntag, die Touristen folgen
den Caterern in die Slums.
Die Sonne macht ein Licht durch
Wolken grau wie an Weihnachtstagen
zwischen grau gestrichenen Verschlägen.
Nordhalbkugel, Mittelstadt.
Metallurgen kommen aus
ihren Kasernen und kauen an Kuchen.
In Bezug auf die Physis geht es ihnen besser
als der Sphinx. Schon wieder
diese Pfingstgnosis in meiner Brust.
Ein Zustand, als kommuniziere etwas
mit mir in einer Sprache,
die aus einem unteilbaren Satzzeichen besteht.
Heute Morgen, bevor ich mit mir anfing,
kam der Verfremder. Er fragte,
wann ich gedenke
den Kirchstaubsauger zurückzugeben.
Ich riss
die Augenbrauen hoch,
dann runter, dann wieder hoch.
Der Trolleybus fuhr vorbei. Ein Versuch.
Ich sagte: *Ja*.
Und der Verfremder sagte: *Ja*.

Wie prekär doch alles ist, primär der Schönheit wegen!
Die Landschaft kommt uns
wie ein nicht kommissioniertes Wunder vor.
Dass die Portiers in Grüppchen zirpen
und hin und her sich schaukeln, hebt uns
den Leitzins an. Wenn ihr das sehen könntet,
zumindest lektorieren! Die Leitzitronen prangen schon
an den sie vorbringenden Pflanzen.
Die Menschen sind vernettet, haben ihre Zellen
gut im Zaum und auch ein tolles Meer
sich angelegt, mit einem Strand
von endlosem Türkis. Dort bessern Fischer
Fische aus. (Die Lebensmittel endlich
einmal Nahrung.) Mit einsetzender Nacht ein Rufen:
We chador you very much. I guess I have to answer this
in waves.

3

Das ist tatsächlich eine meiner Heimatstellen.
Hier schrieb ich seinerzeit die Sonne.
Einiges hat sich zum anderen verändert.
Der Weg zu Gott führt jetzt durch Ölplantagen,
das Essen reicht man mit dem Tränenglas.
Aber die Intensität ist fabelhaft. Rotlichtlampen versorgen
Eidechsen bei schlechtem Wetter mit
Wärme. Und die Menschen befinden sich,
so glaube ich, im wahren Zustand. Obwohl wir glauben,
sie können nur den Dativ. Die meisten Dinge
tun sie ab als »all implosive«. Laufen
mit Lärmverstärkern durch das Unterholz.
Ist das nicht total Europa?

Euch flammen
vielleicht die Zellen schon, weil ihr auf Nachricht wartet.
Hier lebt man gut.
Man unterteilt nicht
in Gesehenes und Gedachtes.
Im Tal trifft man sich
zum Träumen. Sie nennen das »die Milchzeit«.
Wir lieben das
bis hin zur Adaption.
Der Sessellift, der über unsere Lagerstatt hinwegführt,
ist voll mit Schöpfern
unterwegs zum Berg.
Das Higgs-Hormon scheint sie zu treiben.
Wenn sie reden,
ist das wie ein Fremdwort,
das immer länger wird. Also die Stimmung.
Ihre Staatsbürgerschaft lautet auf
»Heimat«. Das bedeutet: helle Helme
für die Passinhaber.
Auf Katastrophen reagiert man irgendwie
allergisch.
Die Landschaft ist im Prinzip
vom Schlag »Dekret«.
Aber es finden sich noch weiche Tiere.

Endlich haben wir die destruktive Last
der Apostrophe hinter uns gelassen.
Und viele Hieroglyphendinge
kommen sehen.
Das nicht dingfeste Erleben gefällt uns
sehr. Jeden Tag aufs Neue
kosten wir von dem, was kommen wird.
Der Strand ist formidabel.
Ganz weich. Und guter Stacheldraht.
Die Menschen faszinieren
noch immer. Mittags
zeigen sie eine Minute lang
mit dem Mokofinger aufeinander.
Wir fühlen dieselbe Wärme.
Und sie haben uns eindringlich geraten,
beim Berühren der Isis
vorsichtig zu sein.
Die Anlage selbst ermöglicht weite Reisen.
Nur dass die Welterbekommission
jedem unserer Schritte folgt,
taucht alles in Aleppobraun.

6

Wir hatten gar nicht vorgehabt uns zu berühren,
doch es geschah.
Ein Strahlen ohne Licht.
Und Amseln.
Gleich nach der Ankunft gingen wir an Bord
des Besonderen.
Machten uns selber zum Bereisten.
Die Lebenslinien haben wir
noch einmal lasern lassen.
Der Klang der Stimmen,
wenn man mit uns spricht, ist jetzt ein anderer.
Nicht mehr wie zu Kindern.
Das Meer ist wie ein von Sonnenlicht planierter Berg.
Wo man auch hinschwimmt,
öffnen sich Geysire.
Und Amseln.
Wir fühlen uns voll
durch Umrisse geändert.
Was uns auch sofort aufgefallen ist:
Die Fernseher tränen auf
suspekte Weise.
Und Amseln, ausgeteilt wie ein Schwarm
Bienen.

Die Bischöfe hat es zuerst erwischt.
Uns jedoch empfing man in den offenen Armen.
Die Temperaturen sind so angenehm,
als sei die Luft das Medium
der Seligkeit.
Die süßen Früchte mit nie gehörten Namen:
auch durch sie haben wir die Alibilität
überwunden.
Und der Uniformant macht Hoffnung uns bereits
auf zwölfstündige Kugelblitzgewitter.
Keine Sorge, im Vorfeld
hat es Testvorführungen gegeben.
Morgen beginnen wir
unseren ersten Wal. Und verabschieden
uns mit dem, was man hier zur Begrüßung sagt:
»Das ist ein Hals.«

Von der Akazie herunter schauen
ist ein sehr helles Meer. Aber die Tiere
haben keinen Schwanz. In der Nacht
sind sie auf wunderbare Weise wandelbar
und wirksam. Das Berühren scheint
ein Strom bis in das Landesinnere,
von dem man träumt.
Manche verfolgen die Pflanzentreibsel
auf dem Fluss, gehen Kilometer um Kilometer
an den Apartmentbauten vorbei –
in Schulterhöhe ein schmuddeliger Streifen.
Blumen, die man kauft, wandern
sofort durch eine Konfettimaschine.
Und immer hat man das Gefühl,
durch die Turbanaugen
eines viel zu großen Insekts
beobachtet zu werden. Für das
man kalt ist wie das Fleisch
der leviathanischen Nacht.

Wenn du nur früh genug aufstehst, siehst du
alles. Eine Art,
die ausstirbt.
Die Kulminationspunkte
im Nebel, manchmal
auch den Kojaa,
wie er Brandungsschlichter ins Wasser gibt.
Einmal schlüpften zwei Schmetterlinge
aus einem Kokon,
dort, wo der Regenbogen
die Autos zermalmt.

Die Allergie ist besser worden. Ich muss nur
immer zwei Stunden über Trümmern warten,
bis es wieder geht.
Das Meer ist ein endloser Rapport von Wasser.
Manche baden darin andere, manche
baden keinen.
Es riecht vergänglich, aber gut.
Ich lebe von der Druckerweiße
auf dem Buffet. Und bilde
immer wieder Strände.
So lässt sich alles sehr leicht siegen.
Zu Prüfzwecken, erfuhr ich, ließ man mich
einmal bis ins Paradies. In allem war es
so, wie es nur eben sein kann.

Das Leuchten der Quallen schneite uns, schnallte
uns auch an, wir schwelgten sie in *oh* unser Innenteil hinein.
Durch den Schnorchel sahen wir Fische,
die sich bekiemen konnten. Ebbe zog auf
unsere Stirn, als zögen wir per Eigentum durch alles Schilf.
Das Schiffschilf. Das räusperte uns warm.
Bis zur Planktonage. Ihr versteht. Auch Afrika
war Laub, an dem man zupfte – wie schön,
wir waren uns
vollends keines Graus bewusst
im Delta
zwischen Soll und Ist.

Wir drehen uns immer wieder um und lachen.
Technologie wird hier als »Hallo« kartiert.
Man bringt Lava obscura, das schafft dorsale Lustgefühle.
Fühlt sich an wie eine Rodeodyssee.
Wir bleiben noch, machen uns
die Schneeübersommerung zu eigen.
Machen die Augen auf schöne Straßen, Berge,
bergverdeckende Gebäude.
Erdrücken manchmal Polizei.
Durch die Morgue, so muss man sagen.
Bevor wir im Abyss verschwinden.

Erst fiel das Obst,
dann Schnee,
und dann Karthago. Ich hoffe, es geht
auch euch sehr gut.

Wir tragen unsere Tanzfäustlinge fast
den ganzen Tag.
Das Wetter wirkt super emittiv,
auf seine Art.
Milchflecke flattern
durch die Luft. Nein, keine
Himmelsziegen.
Heute Morgen schwammen wir in etwas,
das wir nicht erreichten.
Es gibt erstaunlich viele
Notausgänge.
Neben den Rohren für die Post,
die dem Abtransport ausgerotteter Insektenarten dienen.
Seid still zu euch,
wir kommen bald zu euch zurecht.

Sobald die Augen schließen, sehen wir
komplexe Schemen ohne Bauplan.
Wie erschossen
wir einander auch gerade sind:
Die Kinder spielen
Migration. Listig. Und ohne Klatschpappe
geht niemand in den Wald.
Das Gelände ist so schwer zu überblicken
wie das Gelinde. Die Sonne biegt die Bäume
Richtung Fluss. Man spricht hier
gern in Hedonismen. Das ist empfindlich
schön.
Drückt man ihre Hände
lange in den Gletscher, kann man hören,
wie er das Gewordene wird.
Das tun wir
jeden Tag. Als kehre das
Stottern wieder.

Ihre Finger berührten wie Radierer
aus dem Ostblock, aber sie bewegten sich nicht
so. Immer ging die Sonne
auf, reine Sonne
wie ein Ergebnis vor dem Steuerabzug.
Auf Safari sahen wir die Hirsche nie
so lange unter Wasser, um nicht zu zwitschern.
Wir legten Entfernungen zurück,
über Wiesen, in deren tiefstem Inneren
das Andere des Grüns war.
Viele Pflanzen waren dargestellt, gelbe Schleifen
an den Spinnen zeigten,
dass hier eine Grenze überschritten war.
Wenn es dämmerte, tauchten die Indigenen
den Horizont in ein Licht,
aus dem Kühle sprach.
Weil wir es genauer wissen wollten:
Sie hatten Postamente
für den Gott, bluteten ein bisschen.
Zu Teilen haben sie es
bis in unser Herz geschafft.

Ich bin in der Stadt. Ich
schlafe. Weil ich den Zweispitz trage. Barrikaden
baue, bauen.
Mein Schädel wächst noch, so
dass ich schlafe. Es gibt Momente
des Schwarzweiß
bis in die Adern.
Kollabierendes Schwarzweiß. Ich bin
glücklich. Schlafe. Übertrage
Musik auf meine Lippen. Hier verläuft ein Staat
im Sande, aber das Wetter ist gut.
Schlaf. Es ist, als ob es knistert
in meinem Flaum. Als wolle mich etwas
quittieren. Unergründlich nah
ist mir die Nichtstreamfähigkeit des Meeres,
das hier manchmal
durch die Keller brandet.

Das Wetter wirkt
geschweift nach Westen, leicht.
Es ist die dritte Position
am Morgen, wir nehmen sie
ein bisschen ein
wie eine Festung, ein bisschen
auch wie Medizin.
Ich habe meist die Escherschicht.
Dann hält man mich
für den Nomaden,
der den Tieren die Zungen herauslässt.
Auch wir erholen uns
den Mund durch und die Herzen
singen ihre Engen voll.
An der Verletzlichkeit des Abends
fahren wir noch einmal
mit den Fingern raus aufs Fell,
da wo die Götter sind
fast noch flügger Daten.

Die Häuser waren nicht sehr deutlich. Was der Mond ist,
war verteilt
auf hundertvierundvierzig Menschen.
Alle von derselben Agentur. Sie waren vor Ort
die einzigen Vertreter
ihrer selbst. Liebe formte ihre Körper.
Ihre Lippen sahen
süß aus,
wenn sie Englisch lasen. Wir alle
erfuhren im Escape-Farn eine tiefe Wandlung.
Ich trage jetzt ein Wams
gefüllt mit Wüstensand. An einem Strick
ein Kolibri.
Ich will nicht baden gehen.

Die Fledermäuse scharren sich durch die Wände, sucht euch
die Stadt aus. Eine Schule
brennt, wo ist die Sonnencreme? Die Schafe
stellen für die Flüsse keine Konkurrenz
mehr dar. Die Lavafelder flirren noch, die Möwen bringen ihre Schreie
ein. Das ist ihr Nachwort. Wir bilden Zwiegespenster
miteinander. Ich schreib
euch Früchte zu und fließe Licht und siebe Gold
ins Meer. Man gab uns
Weihrauchbutter für das Innere
der Arche. Der unsichtbare König der Wissenschaftlerinnen
lud uns in sein weites Kleid.
Zurückhaltung kann man nicht immer
lachen.

Die Letzten wollen nicht. Früher oder später
müssen sie. Am Himmel herrscht seit Wochen Pracht.
Die Wilden sind ein guter Christenmensch
und die Bäche (jauchzet und frohlocket)
erinnern uns an eure Tränen, Tränentäler. Ich vergesse das manchmal,
doch leckt mich Schlaf ab, fremdet
mich zurück. Wir liegen
dort, wo die Kantine ihren Dschungel hat, kochen Marmelade
aus dem Laub, sichern Spuren,
schleifen die Antennen. Man hat Asche zum Verbessern
ausgegeben und Schallschutztrichter
für die Münder. Wenn ihr könntet, würdet ihr
mich in meiner Winterpose sehen.
Es ist warm.

Das Medium schämt sich. Ich werde von den Mücken
als angenehm empfunden. Habe am Morgen des gestrigen Heute
in der unbegrenzten Mohnblume getanzt. Wurde blond.
Ich war fast nicht fangbar. Auch die Mücken nicht.
Auch die Bauarbeiter haben Stethoskope, denn sogar die Nahwirkung
ist spukhaft. Kreuzten uns ihre Wege? Ich weiß nicht,
aber Schnee fiel heute nur auf einer Breite von 3,14 m, dafür quer
durch die Stadt. Die eventuell nur ein Gewerbegebiet ist
mit sehr viel Wohnraum. Das tut gut, ich habe einen Ruhepuls
von a-b-b-a. Und das alles unter der falsch verstandenen Sonne.

Leider hinterließen die Wolken gestern ein Parterre
aus Wasser. Ich malte das zur Seite,
weit weg, bis in die Synapsen. Das zerfleddert dann,
doch heilt man es auch immer wieder. Ich
und das Andere ergeben eine schöne Wahnwitzkongruenz.
Bis zur Brandung, die ist starker Tobak.
Die Wahrscheinlichkeit, von einer Kokosnuss
erschlagen zu werden, besteht
aus lauter kleinen Zahlen. Viele, die wir treffen, wissen
das. Ich bezahl sie stündlich, mitten ins Karma.
Es sind Spezialisten für Operationen
am offenen Himmel. Die Heiligkeit der Kühe
beträgt hier etwa 2 km/h. Du hattest doch gemeint,
ich soll sie von sich grüßen. Aber mein Kopf ist gerade
eine Flamme in einem abgesüßten Meer.

Manchmal erscheine ich und habe diesen Baum
vor mir und seine Aura
duftet und ich erkenne, ich bin
das geborene Blau. Manchmal fragt man mich,
ob diese Kinder alle Namen hätten,
und welche Absicht darin stecke.
Dabei ist doch offensichtlich,
dass ich vor Erschöpfung aufgebrochen
bin. Und war. Immer wieder
war es jetzt, und der Mönch im 7/11
hatte immer Mitschuld. Aber es war auch
toll, und alle richteten immens viel
Charme an. Trotz des hohen Klirrfaktors,
den ich bis in die Finger spüre,
die ich im Traum empfing, erfand.
Und sage, angesiedelt gar nicht weit
von »manchmal«: Ich behalte Ukraine.
Und wünsche euch das Gegenteil.

Man hatte schon am Morgen die Schönheit
angestellt. Ein paar Ungruppierte öffneten den Bus und baten
mich um Angehörige. Ihr Bewegungsanteil war sehr hoch.
Aber sie gingen binnen kurzem in den Herrn.
Das fiel unter Dividende. Was soll ich
sagen? Die Natur erfüllt, erfüllte. Kerzen brennen. Die Luft weitet
die Kühe. Und auch unser Hobby
ist jetzt Geschäftsmann. Und wir haben weiße Krähen
gegen den Schnee. Die Nacht kommt, während sie schon da ist.
Du spürst einen warmen Mond, der dich langsam abnimmt,
und weit draußen auf dem Surfer siehst du, wie die See beginnt.

Wir sind den Fluss hoch bis zum Meer gefahren.
Nur um uns zu wehren.
Die Fakirgegend, ein anerkanntes Skigebiet, war unbeleuchtet,
selbst bei Tag.
Beträchtlich viele stehen weit oben in der Bräunungskette. Ihre Kittel tragen
den Schriftzug KOHLHAAS.
Gut möglich, dass sie prüfen, ob die Chemie noch stimmt.
Es sind angenehme Menschen, sie lieben
ungefiltertes Benzin, ihre Elektroschocker sind sehr handlich. Seit gestern
wohnen wir
in einer jener blutfarbenen Strukturen in der Vorvorstadt
und trinken Champagner
zur Thromboseprophylaxe. Ich habe den Trainerschein gemacht
für Fische. Mit dem Abend kommen moskitogroße Geister
aus den Parks. Sie tun nicht viel,
aber sie leben.
Sie leuchten, wenn wir Schlafe aneinanderträumen,
aus der Zeit.

Es gibt kein Halten mehr. Die Wolken
finden keinen Himmel. Das Cockpit ist verklebt
mit Schmetterlingen, innen, auch
ich bin Toter Admiral zu manchen Zeiten.
Im Charaktersimulator durchkalbte mich etwas
großes Glaziales, ich maß sofort,
ob wir die Berge sahen und wer die Fremden waren
in unserem Stream. Poesie vielleicht?
Deine Bauschkraft federt uns noch
immer ab. Schon die Kinder schreiben Sinfonien
für Bolzenschussgeräte. So übermannen sie den Fjord.
Obwohl Natur persönlich etwas anderes ist,
sind die Fleischereien überheizt. Wachsen die Bäume
über sich hinaus, holt man sie ab.
Das ist ein dunkles Öl für unsere Herzen.
In ihnen geht es stündlich besser.
Ich selbst fühle mich ganz und gar wie abgebildet
auf dem Hundertträumeschein. Sei stark
zu Hause, heul Treppen in die Heimat
und nimm den nächsten Papst zum Mars.

28

an Teresa Präauer

Blindenstreifen führen durch den Wald,
immer von mir weg. Die Punker haben alle Immobilien
aufgekauft. Alle nördlich unseres Erdbeermondes
heißen Vitus Bering, was ein weiteres Kriterium erfüllt.
Du kannst jetzt mit dem Sommer zielen:
Es regnet sehr human. Das schick ich als Bekennerschreiben
an mich selbst. Als Umgebener bin ich hier gut
beschäftigt. Doch wie du weißt,
werden mit der Schminke gleich auch Tränen appliziert, private
Abschiedsmeere. Die Schnauze meines mitgedachten Hundes
stempelt mich in jeder Morgenstunde
frei, das gibt als Richtwert »Ich« an. Mir fehlt zu sehen,
wie du dein Atelier zu Hubschraubern zerschneidest.
Das ist der Sonnenuntergang.

Regen. So oft verliehen an Falsche.
Eigentlich ist jeder Tropfen unverblümt: gewinnt den Zweikampf.
Vielleicht in sich gedreht.
Bewaldetes Terrarium, gedimmter Dämmer. Froschlaichlicht.
Und Streumooswiesen. Ich.
Du kipptest mich ins Schweben. Kehrtest ein
auf Herzeshöh, und ins Tal hinunter nahmen wir das Fließende
aus reinem destilliertem Wasser.
Ins Molassemeer …
Während ich schreibe, schaltet eine Fliege
zwischen Vespa- und Kettensägelauten hin und her.
Ich habe einen Inhalt
voller Liebe auch für das.

für Björn Kuhligk

Das Containerschiff war jeden Tag ein anderes
Land. Wir standen am Kai, bildeten in Sichtweite zur Sonne
ein Ja und schauten, was passierte. Es geschah.
Die Flut, sehr Laune der Natur, lieferte ein kleines Weißes.
Die Stradivari brannten schlechter, als wir dachten.
Die Möwen brachten nicht die richtige Umgebung.
Das sah einfach aus, erforderte jedoch bestimmt Geschick.
Es gab ein stetes Brummen, wir tranken Weitungswasser und gingen
doch ins Ich zurück. Teenies trampten durch das Parkhaus
bei den Landungsbrücken. Mit zerstörtem Deutsch.
Was sie wollen. Wie. Ich will nicht mit meiner Peer ins gleiche
Krankenhaus.

Den Kondensstrahl konnte ich nicht halten. Wir alle trinken jetzt
direkt aus dem Orakel, oh denksächliches Sein!
Uns umschwirren tatselige Insekten. Die Wespen stechen nur
sich selbst. Das eilt sie aber nicht. Die Vögel können gut
auf Mendelssohn, sobald der Mond islamisch steht. Ich hab Flut dann
unter den Lidern, grünschwarz Moll. Die Zweitgeborenen stehen
in Kolkgewässern und wissen nicht mehr weiter. Es durchfließt sie
kalte Lymphe, obwohl die Sonne brennt. Das entspricht
nicht meinem Kulturell, nicht meinen Paragrafen. Doch ich schlafe gut,
und nackter jede Nacht und unbelegter. Laichballen in Händen
meinen wir die Herzschläge der Quappen spüren zu können.
Der Quappenschlag, gut aufbewahrt macht er die Feen
am Größten. Es kann kaum besser sein: subtropische Nächte, Früchte,
Lüste. Obwohl: Das absolute Meer hab ich verpasst.

Manche baden in den Taxis in den Tränen
der zu weit Gereisten.
Das ist wie die mir angestammte Störung. Früh am Morgen
kreisen die Rehe
über ihrer Beute. Die Windsäcke sind ewig
voller Blut. Auch das gehört zum Œuvre dieses Landes.
Die Schusswechsel jedoch, gedämpft,
finden nur in den letzten Strophen statt. Die Zeit verrinnt so
wie der Sand, den wir mit dem Milchstift reparieren.
Die dabei zusehen, fragen,
ob auch wir die Hydra lieben. Insgesamt
ist es schon schön.
Die Natur gleicht einem Testbild
für die Alleswelt.
Und die Einkleidemadonna hat dein Gesicht.

Ich habe eine Falte, wo die Stadt beginnt.
Die Sonne ist die eigentliche Sonne.
Vieles findet in Alkoven statt: Sünderholz und Kaffeekränze,
Schützenfeste. Phlox. Die Gegenwart
empfinde ich noch stärker
als die Peitsche der Vergangenheit. Die Zukunft als die Vorstufe
von etwas, das davor kam.
Mein Klima ist subtropisch wie die Kleidung.
Die Eigentümer vermehren sich
durch Umbruch. Auch davon gibt es nur dieses eine Land.
Du spürst die Erosion am eigenen Leibe, dramaturgisch
ein Fauxpas. Manchmal klag ich
Licht ein, Eigentümer hin und Eigentümer her.
Ich atme frei. Die Yanomami kommen bis zum Arm.
Die Analyse zeigt, dass wir uns lieben.
Und das verkaufen wir frontal.

Ich weidete die Auen, Dünen, weidete das Meer
und wiegelte die Möwen ab,
blickte mit dem Martinshorn bis an den Rand
der Tiefe. All das 23-Stunden-Gold.
Aber die Kinder waren süß. Als Amtssitz reichte das
für ein paar Tage immerhin. Auch die Wellen
schienen noch in Ordnung.
Manche sahen aus wie invertierte Köpfer. Im Reservat
kürzte man sie nachmittags mit altem Zauber
zu einem Aerosol, das das Geflohene an das Gewollte bindet.
In den Einkaufszentren, weit von sich entfernt, lag der dazu synchrone Sand.
In Röntgenlicht. Die uns begegnen, leben in den Spinnen.
Sie gehen ohne Schutzblech auf
die höchsten Klippen. Glühwürmchen sind ihre
Schlüssellöcher, ihre Schlüssel.
Ich unterstreiche das, soweit es geht, mit deinem Honig
und gehe wie Petrarca mit zerschundenen Händen
in den Traum und aus dem Traum heraus.

Meine bucklige Verwandtschaft ist jetzt ein Land. In meinen Augen
steht ein Himmel wie die Blaupause von einem anderen,
marginalen Himmel. Ich verstärke das Geräusch,
das sich verursacht. Die Blätter sind ungewöhnlich groß,
so wie von Fischen. Den Marktplatz dominieren Mangroven.
Und schon am frühen Morgen blühen seltene Insekten.
Ich glimme mit den Menschen, wie sie ans Ende der Konturen reisen.
Sie nennen sich die Eigenen. Die Community, in der sie wohnen,
grenzt ans Grelle und ist stark bekuppelt. Wie sie
das A benutzen, hat einen hohen Wert. Das ist ihre Nische Welt.
Die vom Verlauf der Küste abweicht. Das erwirkt mir eine Sprache.
Wie ihre weiße Währung Nacht. Alles kann sofort Radio sein.
Alles kann immer sofort sein. Ich lass mich weiter treiben,
sofern die rosenroten Absperrgitter es erlauben. Meine Fremde
erliegt dem Licht. Und den Schaukelstuhl am Pool
zerschlag ich nur für dich.

Mach dich Paradies. Leg partizipative Tiere. Schlängelschlangen.
Halte durch. Und halte Wangen.
Ich merke mich als Insel. Fruchthüllen um alle Bäume
der Natur. Insel, die manchmal ausbricht.
Falls du das nicht schon wusstest. Die Liebe nennen sie das Flackern
einer Cherubimzahl. Auf ihren Plastikstühlen
unter ihren Dauerbademänteln. Wo sie den Nebel leben
und den Buchstaben für Schnee erfanden. Solche Expression.
Und: sich das Herz in Wespenstiche überführen. Nicht über sechzig sein.
Weshalb alle Streben sehr stabil sind. Alles Streben. Ich fühle
mich der Sonne nah, dort wo sie in die Göttin wechselt. Als Teil
des Denkens, vieler Sinne, Teil der großen Kafkajagd.
Schwarze Federn stecken in den Grenzen,
die verrückt verlaufen. Bunte Federn in den Fesseln, Schwertfortsätzen.
Wir alle stecken unter einer Feder. Erhoffen uns
von der Economybewölkung großes Glück. Ich erfinde mich
dem Eulenspiegel ohne Sicht. Ich bleibe. Und ich kehr zurück.

Man stattet mich mit Luft aus. Das Liftgirl gibt mir zu erkennen,
dass ich in Spanien Heimat habe. Ein Pfahl ist mir vererbt,
im Meer, zum Fischen und zum Beten. Vater sei ein Prunkchinese
in der Schweiz. Mutter inklusive. Mein Herz geht
an die einteilige Landschaft. Der ganze Körper springt mir
bei. Bildet den Transit durch komplexe Haltung ab.
Unterhalb der Nachweisgrenze. In diesem Spannungsfeld.
Essen gut, Hotel fast besser. Nach der erfolgreichen Versuchsphase
in Afrika. Ich esse nur so viel, dass mir die Eingeweide
nicht zum Streit erhitzen. Erholung nimmt mich in sich auf. Ich schaue
auf die Inseln, in sich geschlossene Regenwaldparzellen.
Andere schauen auch. Das Bild zeigt mich mit eigenem Haar
auf meinem Haar. Das kann teuer werden.

für Bert Papenfuß

Ich erwache in der Muschelhilfe. Die Farben tosen, als seien sie Kommandos
der Bakterien mit sehr langem Schweif.
Die Sonne angestaut.
Und alle, die mich lieben, rauen das Land zu Städten auf. Viel zu zeitig
müssen sie an diese Wutration.
Ist zu viel Rostmilch ins System gesickert? Ich schärfe
gut zurück, die Federn. Und ungestraft bleibt jedes Licht. Das Licht
voll Sonne. Das nicht am Himmel lernt.
Fünfhundert Schweren alt bin ich geworden – das weiß der Gott,
dem man es zeigt. So weit die Stände auch geraten sind,
keine Seelen. Der Stoff der Stände. Den wir knistern. Aber Charisma
dank der Gebäude, Häuser, Stallungen für viel.
Für etwas, das man merkt.
Und das teils unablässig unausschönlich ist.

Ich hab den Hunger deiner Gestik. In Richtung eines jeden. Ich bin bereit,
dass man jetzt sagen kann: So weit geht das Meer
durchs Land. Und mir geht Staat vom Mund, das macht ein wenig Flamme
und nimmt mir Tanz. Und überhaupt: Der ganze Apparat ist ein Gebiet
und gibt als Richtwert »Baum« an. Was ich bestehe und bestand. Begrünt
wie auch die Polizisten, die bis zum Mond wir sehen.
Nichtzielorganismen, Leviathane, nicht viel größer als Termiten,
von denen wir Safari hatten, sind der Tag. Immer noch
versprechen deine Augen mir das privateste Hotel. Komm
Hausnummern berühren. Komm leg uns einen Zaun zu Füßen.
In die Würde oberhalb des Strands. Unseren Narrengürtel.
Denn die Savanne ist jetzt sicher. Ich hab die Hauptstadt angetarnt
und weine nurmehr twitterlich.

Wir kamen aus dem Analysebett –
wichen wohl geweicht: Elysium, die Notenköpfe voller Frucht,
geschlossene Vögel überzogen uns
an der berührten Felsenküste: immakulierte Steine,
so von Sonnenlicht verheftigt,
dass wir Schatten tranken (oh, wie sie schwankten)
und gleich wieder daraus verschwanden
wie erwischt, wie mitten im Gedicht erwischt, jemand sprach Natur
an mir vorbei, der letzte russische Soldat mit Vaterzeichen,
und bot ein Schwärmen auf,
da stieß ich mir die Wärme unter den Gebildewolken,
die nicht ans Geräusch gefesselt waren,
und auch die Erdanziehungskraft gelang mir
nun für alles bis zu kleinen Tieren, dorthin die Farben
und die Barrikaden.

Cherubim produzieren eine weiße Masse / in ihrem Mund, die rasch zerfällt.
(Paulus Böhmer, *Fuchsleuchten*)

Ich bin der Feind von 11 bis kurz nach Mitternacht: Siehst du mich,
wenn die Delfine ins von hellsten Farben heimgesuchte Wasser springen?
Siehst du meine kleinen ungeplanten Augen? Machen sie mich
strafbar oder dich? Seitlich wölbt sich ein Gewebeblock,
Auswuchs wesenhafter Freude: Wie der Müll am Rand der Vakuole
ist er als praller Zustand Teil der Kommentare. Ich kann ihn
dir sehr gerne nicht ersparen. Später wird man Frost uns liefern,
von allen guten Geistern. Jeden Tag verliere ich einen Satz dort, wo ich sehe.
Gleichwohl trete ich in Kraft: Ich greife an: den Sonnensittich
und Eisentreue fasst mich zu den Dingen: Ich gehe steil: Schwarze Armee
brachte die Blumen und der Cherub stellt eine weiße Masse
her in meinem Mund: Diese Region kann noch Gespenster werden:
Die Schauspielerkabinen der letzten internationalen Streitigkeit sind weiterhin
gefüllt: Nicht zuletzt ist das auch dein Geborenwerden: Ich lege Watte auf
die Gischt, bevor ich Fotos von der Brandung sterbe.

Sollte meiner Legitimation Erfolg beschieden sein,
dann mach mir eine Singularität ins Herz.

Von deinen Konsternierungsmitteln bin ich schon
ganz reich. Ich habe »Druck ausüben«, Einblick in Primanen
in fast keinen Farben. Ich erlebe sanatorisch und wirke
auf mich selbst wie alle wichtigen Details
im Überblick. Das Sternebad erreicht man gut
zu Traum. Poloniumland, azurer Himmel und das Meer,
das man auch einzeln atmen kann. Verscheuchen. Ach diese Freiheit,
nicht mit Wahrnehmung kontern zu müssen – diese Individuen
mit einer Gesamtfläche von Katzen – dieses Sein
in allem Schwarz – die Spaziergänge in der Vorherigkeit.
Und Obst, sosehr die Finger pressen können. Die kleinen grauen Schafe,
die wir Amseln nennen. Flexibler Marktanteil
meiner Entspannung: ist jetzt seicht. Ich bitte um Verständnis
für die Tierwelt.

Ich trauer um. Ich kann jetzt
Bausch empfinden. Meteoriten. Das Laub hängt gut
an seinen Bergen, von Unterholz bedeckt
frei wie ein Leerbefehl und kognito. Und so
ging ich, links davon noch einmal
ganz genau dasselbe. Dem Spürkind nach
durch vieles, was sich anfühlte
wie sehr schnelle Drehtür. Meteoriten.
Und immer die Makeover auf das Tier.
Das mir geeinigt schien, sehr häufig
auf sich folgte. Dispersal
und Spacing, weißt du, äugend und so fortgeschritten
wie zweiundzwanzigstes Jahrhundert.
Das habe ich mir abgezweigt
und dann der Deichbehörde angezeigt;
mein Frottiertuch morgens
auf Verkehrsunfällen abgelegt. In Sprache,
Meteoren und per Leerbefehl.
Die Sünderlegionäre, die ich mir neide,
und ein paar Mädchen
aus der ersten Permanenz,
sollen die doch irgendwem die Terroristenschaft entziehen.

Etwas ist hier aufgestraucht,
wirrbare Materialien,
Hinweise auf das schöne, stille Religiöse.
Ich quere mich dem aus:
mit verschiedenen Wirbellosen,
die hermaphroditisch und sehr schnell
stiebend durch dieses Eden ziehen,
wie längst schon Auserzählte.
Material und Sachen, deren innere Semantik
ich gerne abonnieren würde,
von dir und den Taharafrauen. Ich
habe schon ein Spürkind
ausgesandt (ich weigere mich,
die Methode mit der Methode der Methode
zu ersticken). Nein, viel Wald ist nun
in mich verteilt, wo die Harmonik
fast zu Klang wird (auf einem Globus
wäre dies das Zentrum). Man muss immer
auch den Ausblick sehen,
die Baustandards oder einfach auch
die Hunderte von Bienen,
die sich in einem Punkt bewegen,
den ich frei bestimmen kann.
Unter Bäumen, die mit halbem Tempo
in der Erde stehen. Die möchte ich
verschwanken. Meine Träume quer
zum Licht in stetem Abstand
zur Vergangenheit. Aber ich scheu auch
Männern hinterher, siedele
ins Nichts und dreh mein Mikro
wiederkehrend *into feeling*. Unter Wasser
regnet es. Man stellt das einerseits
in Phiolen neben Menschen
und andererseits schauen viele zu:
in Form ihrer selbst an fremdem Ort.
In meinen Faszien ballt ein Baby

seine Finger. Versorgt meine Organe
gewissermaßen mit dem Jetzt. All die Splashes,
die mich in einen Punkt bewegen ...
erleichtern mir die Rede –
alle punktuelle Müdigkeit,
die ich in die Archive blättere:
Ein Stück Meer. Ein Stück dichter Berg
(von diesem Shakespeare des Islam).
Entwölktheit, zum Atmen
dünne Euphorieazurität. Ein Stück
Weite von der Enge. Ach,
ich wünsche dir Radar für mein Erfahren,
einen Wirrpunkt für alles
noch nicht Schöne. Damit lache,
damit höhne. Und besinne.

Tagsüber Battledurst, Kinder wirken Kerker
oder Throne in das ponyhohe Netz,
das den weiten Belt als Spielfeld für Professionals ausweist.
Das sei mein Engelskleid. Mein Monat erster Abkehr
von der Doppelstelligkeit.
Ich umschließe dennoch. Mehr Wundbereiche
als gedacht. Ich bin kein Ausbund irgendeiner Fremde.
Nie gewesen. O unehelicher Vater,
ich habe Früchte, die in keine Farbe passen.
Das Meer gewinne ich aus deinen Augen.
Auch ohne dich. Ein Meer also,
das aus zwei Zentren sich zusammensetzt.
Kirche, Kirchenfenster. Was sehr erholsam ist:
Du weißt, die Äderchen aus Gummi,
die mir den Asphalt in die Sinne wachsen.
Die Ghettoblister. Ich fühle mich, als liefe ich
mit einem Lärmverstärker durch Gebüsch,
das nichts als Innenseite ist. Ich brauche Beistandslicht.
Verherzung. Überwunderung. Dich.

Ich habe einen Flüchtling zu den Fakten. Das hält mich
auf dem Leuchtenden, wo immer es geschieht,
das Gefühl fürs Innerste
ans Äußerste gelangt. Du kannst mich sehen
mit dem Gerät, das es erlaubt,
die Nacht zu fassen, die stetig dröhnt,
durch meine Haut. Das Unterwasserige auch,
das nie so ist, wie ich es brauche.
Ich hebe mich ab damit
von meinen Feinden,
die man nicht aus sich schütten kann.
Die Betriebskostenabrechnung als chemische Symbole
ins Kondolenzbuch übertragen. Du wirst erkennen
mit deinen eigenen fremden Augen:
Ich würde gern den Schwärmern,
die vergeblich Pollen suchen, vom Unentzifferbaren geben,
um ihr Argwohl zu erregen.
Super Shining.
Fick mich bloß nicht auf den Mund.

mit Heinz Czechowski

Für das Gedicht nenne ich die Landschaft
sanft, *sie mutet hier*
wie ein *ganz* leiser Vorgang an, zugehörig einer Rede, einer Natur
für zwei (kein Renoir à trois) Personen
– gerade *eben* so noch da –,
die einander kennen, ahnen, nennen, mit diesem Meergefühl
für Flüsse, Berge, was durch digitale Nähe nicht zu kompensieren ist,
dies vielleicht auch niemals war,
nur durch die Sonne, *eine gelbe Fläche*
aus Hypoxis und ins Innere verlagert, geteilt
durch Kopf (Kopf von den Wiesen, Kopf aus *kein Mensch sonst*)
und unterwegs in einem Gehen durch Einheiten
von Pappelschnee
wie kleine Umhänge für Mücken,
undatiert, also Symbole für Gelingen,
Glücken.

Bagatellgelände, von Windstille regiert
bis angeherrscht, durchsetzt
auch von Oasen meiner Langeweile, dunkle Gallen
liefern Frucht. Die Menschen schauen,
um sich nicht zu schaden,
in den Himmel. Wo die Vögel schwirrend ihr Vogelsein vermehren:
in Schwärmen größtenteils von zwei, drei Monstern.
Ich treib mein Wesen
am Entmachtungstrakt, rabattiert gemietet
für Abenddisko per Pilates. Man kennt das. Vertriebene
werden mit Tänzern abgegolten.
Sehr viel mehr ist nicht geschürt. Der eng geführte Horizont
ein fest geschnürtes Kropfband.
Jederzeit romantisch.
Ich hätte gern ein Haus mit Krim.

Man schreit nur Stille gut. Viele sind da einfach Tote, vorgespult.

Sich auf eigenen Trump bewegen: Die Pitcher predigen das
jeden Morgen, pfropfen zur Erholung Misteln
von den Geistergleichen in die Bäume; pitchen uns
als ihre Konvertiten.

Eine Gallone Tagesleuchtrot scheint für Fremde auf
den Strand gekippt, lässt uns vorhanden sein; Komponenten
des hier weiten, defilialisierten Raums,
in dem die Tiere, die von irgendetwas König sind,
ab minus sieben Dioptrien nicht mehr frieren.

Ich habe schon zwei Voices
deines Namens, ich habe schon drei Sonnenfinsternisse,
ich habe auch ein übertragenes Land
in mich geschmiert.
(Müsste, um abzukürzen, Schotterproben nehmen.)

Der Clown, der als Reversion von Wanderzirkus in sich selbst verharrt.
Lichtzuweisung gut. Naturaufstellung Wüste. Ganz besondere
Niemandsvögel.
Viel Freizeit für die Waffenkäufe.

Gott, den wir für den Shakespeare hielten, gibt uns viele Kelche.
Tamtam und Paradiese.
Während im Basislager etwas wütet, das die Kernaussage
mit Raureif überzieht, im Gegenzug
jedoch den Exit nicht erschwert: Durch ein Papier
seh ich die Gärtner kleinen Nebel aus dem Carrel tragen.

Abu, deinen Tremor habe ich
geloopt, er bildet
Parks. Ich bin zuweilen fangfaul, betreibe aber Horizont. Das Schaf,
das Mutterschaf
aus Sure 38, bewacht die Bienen, deine Augen. Irgendwie
ein Schnaufeschaf (ich habe mich darin verhakt),
pelzt es unserem Wiedersehen
entgegen. Abu, im Licht des Mondes,
unserem Narco von ganz oben, seh ich dein Gesicht
zuweilen als Krieg.
Dass ich dein Kilogramm zerrissener Fotos mit mir führe,
hat mich gerettet, hier bei Leuten,
die ihr Vokabular weit auseinander reisen.
Sie kennen, leben unsere Komatome,
Abu, den Induktionsballast, die Trugschlusssenken,
und ihre Träume ziehen dir das Meer
unter der Frontex weg. Das summe ich. Das summe ich
mit ihnen, zarter Dämonenbeifang nur für dich.

Durchsichtige Wände. Sich verlieren für den Halt.
Alle Erde ist weit weg von mir. Die letzten Schmetterlinge fallen
von den Bäumen ab. Umrisse von China,
kaum noch unterscheidbar. Ähnlich löst sich auch mein Körper
auf. Ich registriere eine Wucht,
das Mittelmeer. Verdeckt vom Cursor, altem Fleisch.
Das Meer, das mich vereint. Am Rand bildet es
»hastig« – auf viel höherer Verwicklungsstufe als ich selbst.
Von mir aus bin ich nicht wirklich involviert,
ich stelle nur die Heerschar. Die Leute tun nichts,
dem zu begegnen. Sie scheitern
sich so an. Das hat die Art, wie ich den Staub berühre,
ins Gegenteil verkehrt.

an Dana Buchzik

Ich versilbere noch die Flügel, den Boulevard,
dann kann ich gehen. Meine Bordkarte
ist Herz, aus Herz. Die nullte Tür, fast vollständig
in meiner Hand. Kann gehen.
Setz die Serifen meiner Füße sanft. Und Schekel Schekel, es wird warm.
Steplover, sei benötigt, sei gehoben. In Flügeln
aus der guten alten Zeit.
Jupiter steht in der Jungfrau.
Nachtminze, Alzheimer Abeba, Sicherheitsberührung. Trag Hunde
in die Bibel ein. Kann gehen.

Lass liegen. Das Lager, lass es liegen. Ich trag es in den Lippen.
Der Steinschlag, wenn ich Zähne putze mit Worten, die ich dafür
habe. Denn der Momme bringt kein Brot, kein Holz. Und Momme
hat nicht Wasser, nur Wiese, aufgelöst. Das Wasser ist wie
Momme, alt, gelbsüchtig wie der Sonnenuntergang. Spinn dieses
Stroh zu einem Schlepper. Vielleicht hat er noch Limbo für das
Zelt. Lass es wehen, lass wehen. Unsere Tage, Nächte: offene
Laschen. Das gespalten weite Bett, die Tunnel in den Taschen.
Diese Geste, dass da ein Land ist ohne uns. Regen fällt, fällt
leichter mir als eingeschränkte Häuser, höher als die Zeit. Und
Gottes Stirn ist weiß, ein fremder Norden, hat einen Namen. Lehm
umspielt den Hund. Und Momme betet einen Güldenstern.
Versorgung regt sich in die Stimmen ein, ich rage in die Floren,
Schandgebüsche, akbar bis zum Meer. Wer stellt hier das Laub auf,
wann? Lass steigen, die Zehen in den Schuhen spielen Hund. Sorgt
weltweit für Empfindung, der Momme zeigt sie uns in seinen
Händen. Halb zieht er sie, halb schlafen sie dahin. Erwerben
Teilnahme an allen Temperaturen. Den Himmel, wo die Busse
stehen, manchmal mit einem Söckchen, das nicht mehr heizt, das
der Hund nicht wäscht, nicht spricht. Von dem der Momme nicht
das Märchen weiß. Nur tausendeinen Schatten, einen Schweiß. So
muss ich den Himmel selber raten. Sein Antlitz ist so schön, doch
auch so überwuchert. Tritt uns manchmal ein. Mit Kältehund. Ich
weiß, ich hab Porträt, und davon auch das Grau. Die Lippen. Die
Eigenheit von Lippen ohne Milch. Oder von Milch mit Zaun.
Strandungsmilch. Diesen Stempel brauch ich nicht, ist was der
Momme sagt. In bewegtem Braun. Am Rand des Fortführmaterials
der Busse. Ich versammle meine Küsse für das große Licht, hawar.
Haltbare Umgebungen und Wärme aller Farben. Und Träume
integrieren alle Hunde. Ich versammle alle unsere Gesten, die
Wertgrashalme im Lehm an meinen Schuhen. Ich versammle mich
zu meinem schönsten Warten, zeig Warten, zähl mich in den
Hämatomeschlaf, den Hund an seinem eigenen Rand.

Ich habe jetzt das erste Mal ins Englische hineingefasst. Ein Kissen. Bett.
Den Schatten empfinde ich jetzt schon paar Stunden. Es ist eine schroffe Sure,
die die Sonne auf den Boden zeichnet, ins Gras, die Halme, die der Kies
zerreibt, in aus dem Regen geflohene Pfützen. Zubringer sind wir. Bringen Tage
zu und Hürden und den Glitsch, Eintunktee und Pita. Bett. Ich verbringe das
Erinnern und eine Jahreszeit, die beim Herunterschlucken brennt. Ich
habe Flügel aus vielen einander bisher fremden Wörtern und verbringe dort
spezielle Schwerkraft. Eine Schwere, die nicht maßgewichtet ist. Aber wahrhaft
bin ich so sehr, dass ich entfalten kann: Ach, könnte ich nur trughaft sein.
Aus Regentropfen beere ich mir einen schönen Strauch zusammen, süß
und blickdicht. Ein Ohr am Hals der Flasche Soda lausche ich dem *zig zig zig*
der Blasen. Bin ich auch so was? Eine Hülle Schwerkraft. Eine schlaffe
Atmosphäre. Blasen aufgebaut zu Zelten. Blasen als Bereiche, in denen man
einander mit verschiedenen Formen von Schweigen informiert. Utopische
Nichtsprache, Füllselschweigen, Nachbilder von Liebesschweigen.
Ahnungsschweigen, Raureifschweigen. Schwingen. Hungerschweigen.
Ich hab ins Englische gefasst und mir *clean fingers* angewirkt. Sagt man:
»gebauschatzt«? Die Fingerspitzenschätze führen zu Fingerabdruck, führen
zu meiner Hand und meinem Herzen. Bett. Die Fingerspitzen fühlen zu
meiner Hand. Ach al-Manat, schüttle mir das um-erzeugte Leben. Kissen
auf und Kissen zu. In allen Farben lege ich mich schlafen dort, wo Schimmer ist.
Wo Schimmer ein Europa wird, das mich *zig zig zig* entführt.

DREIZEHN SCHNEE

ich lerne Spanisch anhand einer Grenadilla, hab die Stimme angewärmt
und Columbus in der Leitung, ich lerne Wolken, *die Wolken*,
anhand blind gewordener Treibgehäusescheiben, die werfen Kinder ein
mit Grenadillas, wenn man mir – *hola, que tal* – mich vorzustellen gewährt,
ich habe nicht den Blick, den besten, für Elektronen, schwimmen sie nun
Brust oder wie Hunde, und das Gerät, die Schneeplurale
aus der Luft zu schlagen, steht sinnlos rum im Sommer, das Kind
sagt zu ihm »Tante komm«, wir stehen an der Tanke,
bevor wir nach Kinderspanien reisen, auf dem höchsten Berg dort lese ich
die Zeitung, die nur noch das Datum druckt, es ist geschwollen,
weil es Mücken gibt, diese fürwahr defizitären Bienen,
ich möchte mit Ozonpaste sie zwangsernähren, entschuldige mich bitte,
Vater, der du mich schon immer durch ein Zerrfell musterst, ich bin
null Teiche Lymphe wert, die hundert Meter laufe ich
in Stunden, jedes Gran Tartan ist Option auf eine Heldenvita, räum auf,
Beschriebener, mehr dunkler Glitter für das Abschussrampenflittchenbataillon,
so viel Pleistozän in diesem ungelernten Spanisch, doch *doch*,
ich hab mein bestes Strukturem dabei, per echt, *dabei* heißt links im Ich,
es ist das Spielreal, ich schiele aber auch zur Grenadilla,
von der mir ontonomisch wird und die genießend jeder Finger Genitiv
begeht – oh ich meiner Meinigkeit! – anhand derer ich das Meer berühren muss,
das auf mich wirkt wie auf die Schnelle arrangiert, zur Abkühlung
auf Satzzeichenniveau, dann werde ich müde, nehme mir ein Perlmutt Schlaf
vom Grenadillenbaum zurecht.

CÓRDOBA

für Lara Crespo

ich umschlief die Stadt, behandelte Orangen
und sah Argonautinier
mit einem Sortiment aus Heiligen und Flaschen
voller Raumduft, die Taschen
voller Eis verließ ich die
Stampede
der Wolken und tat *burro* in die Milch, verkündete
den Rindern Czernowitz,
sie fraßen, fraßen dessen Chiffren aus
der Pampa und überließen mir ihr Lächeln,
meine Einschaltquote stieg,
ich war wie ein Zikadenladen für einige Bekannte
der Leute hier: Kreuzritterastronomen,
Seifenblasenaktivisten,
die meine Herzen in die Lüfte jagten,
nur das Frankieren war etwas
schwer, und nirgends eine Post, dafür überall
rostige Streifen in den Straßen
bis zum Horizont, obwohl wir doch die Süßhalbkugel
hier bewohnerten, Frauen mit Diademen
aus zehn Lesebrillen, sie saßen vorn
in den mit Seidenbäumen bepflanzten Bussen, lasen
die Zeitungen durch
bedruckte Plastiktütchenfolie,
am Prousthafen opferten sie kühl Madeleines,
ich geriet ihnen
auf ihr Foto dann von Gott,
worüber sie ein Rinderlächeln pflegten,
sie meinten, meine Frisur, sie segne
mich im Übermaß,
das Licht bestand inzwischen
aus verschiedenen Formen
Transparenz, ich warf einen Ankertraum –
das war das Gebiet

der Chlorverteiler, Polizeipaarhufer
und des noch nicht Notierten –
und goss Schneemilchstaub über die Agaven
mit ihren so ganz kleinen Schwingen
(sie flogen kaum)
und sagte den Kioskeros
durch die Müdigkeit:
euch wird noch sehr viel Rasta sein,
wenn.

ich hatte dich an diesem Tag für Kälte
eingeteilt, die eine letzte Magma
diente uns als Dunkelheit, saftig
weiße Schafe als Gefühl, als Gegenlast
im sehr berühmten Moos,
doch von den Gletschern
aber brachen kryoweiße Alphabete,
die schwerer waren als die Brandung,
die hatte man auch fortgetan
vom Wasser, das da lag
wie sehr schlecht ausgeteilt, enthauptet,
vielleicht schrien die Vögel deshalb
uns aus sich heraus,
bis ihnen Hunger blieb,
wir aber kauten, kauerten im Schutz
des Trolle-Nebels, wo das Gras
uns in die Mehrzahl holte,
duftend, unbehirschbar, sanft im Feinripp
einer Gänsehaut, inuitär
mit allen Wesen, und unterteilten uns
in Schlingungsgrade,
bis ein Mond kam
weißer als der Schwellenwert.

ILMARI KUURA

für Alexander Hutchison

die Frösche singen nicht, sie
dirigieren. was man in sich hinein hört, kommt nie wieder
raus. manchmal
gibt mir der Schaffner für das Land
einen Fisch umsonst mit, ich solle ihn ummauern.

Raupen fressen
Autogramme in die Nesseln, die Störche
haben ihre Schnäbel
von lokalen Schwerthändlern erhalten,
hier ist vieles nah
an der Rohlingsfunktion.

ich habe hundertachtunddreißig Freunde
mit dem Gras, fühle
mich gleichwohl unterwispert,
wenn nicht gerade Regen fällt wie nasser Schrot
aus hartem Styropor.

auch dann verschlucken ihre Angst die Rehe,
ich sehe
sie im Hofwald, auch die Katzen
mit ihrem Nichtangriffspakt,
den sie immer neu in ihrer Neugierde verbergen,
bevor sie, gut gestreichelt,
wie Geweihte wieder das Weite suchen.

war die Schaabe genetisch
nicht verwendbar (Ringersand wie alter falscher Laich),
aber wir trugen ihr die Wellen

ins Hinterland:
die Schlingerpflanzen zunächst noch eingewandter,
später überwundener Geschichte.

als Schwimmabdruck (unumwunden & verwundbar)
konnten uns nur Gedichte dienen,
und was die Waldameisen auf den Bäumen taten,
das taten wir am Strand

bis die Landzunge schwer in der Sprache lag
und wir uns heimwärts logen,
den Dommeln nach
ins Rohr

am Bodden, wo die Eigenheimischen, Befreite
zweiten Grades, ihre Töchter
Prora nannten

unter dem peer-to-peer-chiffrierten Summen
eheähnlich lebender Insekten
(Bienen)
und dem Simsen einzelner Sirenen mit Bismarck-
brötchen tief in der Habseligkeit
gingen wir
metrisch verwendbar

durch über Parkgebühr beanspruchte Gelände,
sahen wahlverkannte Tiere
zartbedünt am Strand, vor allem
Quallen, letzten Endes

gestört vom Festland in ihrem einzeltigen Sein.
sie delegierten ihr schwindendes Eigentum
der See abgewandt in einen Himmel

blau, doch voller Wolken wie vereiste Scheiben,
Schaabe,
angewandtes Weiß.

für Tom Schulz

hinter der Scheu steht diese Scheune, ein paar Bäume.
(die Wiese, ist die mit Wald dotiert?)

so wie die Blüten blümeln, kleine Shops
für die, die sie bestäuben, das muss gar nicht mehr
exakt die Wahrheit sein.

bringt mir noch ein hohes Frosch, ich habe Weißes, sagt der Bauer
zu den Source-Code-Nymphen,
und fügt euch dann
dem Gras,
es ist als gräsern zu erkennen. der Konzern
aber bestreitet das.

ich bleibe angemeldet: der Magd,
dem Moos, dem Tau, den kleinen unbewohnten Teichen
in den Füllhornblüten.

es ist wie Güte
hüten.

ich hab mir das zurechtgeschützt, das Licht
schickt mir ein Gelb auf der Frequenz
von Rot,
so erreiche ich die Katzen
die ihr Schleichen stiften.

der Bauer empfiehlt Sommer. breite sich ungleichmäßig aus.

noch in der Kuh, sagt er, erkenne er das Vollbild
Herde.

ich beiß in Erde, bewege mich
durch den Vorhersagebereich, der Himmel
fackelt nachtsüber Sterne ab,
die wir nicht sehen,
uns zum ästhetischen Gewinn.

und die Sonnensonne ist und bleibt
ein Kunstwerk,
von Wolken archiviert, von den teuersten
der Äste
höre ich ein Zwölftonklopfen: Spechte.

und der Bauer weicht
von der Theorie ab, betrachtet das Brimbeerium
tief im Dickicht
hinter mir
und überlässt es und sich
gegen Kaution
sich selbst.

Sonne steht auf meiner Shortlist. unter ihr die Admiralität
der Schmetterlinge. theoretisch, denn sie fehlt.

#

die Wolken sind die Kommas, die die Menschen
nicht mehr setzen.

#

ich liege, kondensiere auch. bin weiß zu allen.

#

jemand geht vorbei in fremder Sprache
und behelmt, da es jetzt nieselt, die blauen Blumen.

#

die als Morgen dienen sollen. Ahab. ich lass Gott
ein schönes Tier sein. so, ja so beginnen
Reisen.

#

die Zukunft vorherhören können.

#

ein Reiher versperrt das, was ich als »Wald« mir denke,
wie ein Sonderzeichen für Gewissheit.

#

Maikäfer scheinen unterwegs
von einer Feier, Vertreter eines müden Taumelns,
querfeldein.

#

sie müssen sich entscheitern
so wie wir, im Himmel und auf seltenen Erden, wo Halme wogen
wie Verben für etwas äußerst Langsames.

#

die Tiere schnurren das
ein und wieder aus: abgefälschte Dämmerung.

#

mein größter Trumpf entfacht schon
seinen Staub.

#

das macht zwei Schwärme Wärme mir erzittern.

ich fand mich im Nektarium
wieder,
die Kühe sahen
mir ihre Ställe ins Gesicht
und das Weltall

gehörte in die Flora, die
Flora in das All. die Flut saß

fest in ihren Trögen, man hatte sie
mit Chlor versetzt, die Rehe,
Körper
um zwei dunkle Augen,
waren in Weitwegsein promoviert. ich suchte

Ruhe über all den Hufen, doch
sie brachten Elektro
in das Feld, all das Feld,
in dem identitäre Strauße ihre Köpfe hatten –
das Gute eben. auch ich spürte

mir die Wunden unter, um mich herum
summten die Hummeln
ihr Summen, das von außen kam.

ich habe mich in dich verstört, vibriere dich
mit meinen weichen Wimperlingen,
du schwimmst den Schnee
dir frei.
deine Lippen sind schon beim A
ein Beben
Leben
und auch die Wangen klingen gut,
du bist so flauscher Rausch, führst mich an
dir aus, wir haben beide
Flimmernellen fast, sind wie verstrangt,
o tross mich
zart, ich habe nicht nur Herz,
ich hab auch »heart«,
von deinen Früchten nehm ich
nur den süßen Nebel: das ist mein Hebel
zu so etwas wie Sonne hin.

ich ging an diesem Tag durch eine andere Sprache
an den Strand
und baute uns in dessen Nähe Wasser,
begann zu blühen, als du mir entgegenkamst,
das heißt: die Anfangswerte.
ich wohnte mich hinein. du hattest mich dazu
ethnorisiert,
fernmündlich durchs Okayphone, ja

ich hatte ausgeglichen in den Augen, du
hattest ausgeglichen mit dem Herz, streicheltest
ein Plankton – es ließ dich
angedeihen,
du tatest es aus mehr als reiner Silbrigkeit,
mit Fingern schlugst du Lebenslinien
in die Welt, warst

meine beste Form zugleich – und tipptest mich
ins Schnelle, Schöne,
Helle und sprachst dem A sein O,
obwohl: zuerst fädeltest du mich
ein in dein Umfangen (Sommersprossen, Zehen, Wangen)
durch *meine* andere Sprache,
weil du Wolken wiederholen konntest
in unserer Berührgemeinschaft
Liebe – ach könnte ich, dann würfe ich dir wohl eine Pleiade
in das Haar.

und mitten auf dem Everest hältst du
einen heißen Ozean

ich wilderte in deinen Küssen
und deine Augen wunderten mein Inneres an,
wo etwas weites Weiches sich begann,
Lauern in savannigen Geländen, wir streiften uns
und waren Haut, das Gegenteil von leise,
aufgeraut, und es überzog uns etwas
leicht wie Tau, die Sinne hatten Handeln, hatten Harmonie
und Havarie in einem, wir waren wie Sein
im Scheinen, du knistertest in meinen Nerven,
ich nahm den Himmel auf und spielte ihn als Kuss
dorthin, wo du der Horizont warst,
der mich aufnahm (und wiedergab), der bebte, lebte,
ich berührte dich (begegnete uns beiden),
wo du die Farbe hattest, die entschied
(Tausendundeine Nacht auf einmal),
ohne deine Zeilen zu verwischen auf der Suche
nach der größten zweisamen Minute.

spürst du, ich wäre gern das Unbenannte
zwischen Sternen, wo du die Hand hast und den Ozean
verscheuchst und Insekten die Farbe deiner Augen
in den Himmel fahren,
spürst du, die Wimpern sind ein kurzer Brief, beweg ihn
nah an unsere Zukunft, zweifellos
weißt du und verkündest Wärme
von den Warmschattengewächsen, öffne mich
wie dass ich Pflanze sei
mit blühendem Programmcode,
vielleicht aus Flocken, Vorhängen für ganz besondere Sekunden,
spürst du mein Alles unter dir, den Staat,
wie ich ihn dreh und wende,
dessen Berge voller Berge sind und heilig
tief in Tälern, spür den Geröllfächer von Stimme,
gewöhne mich daran
und singe, in meinen Augen ist die Sonne,
Sonne, Sonne unbeäugt, ringsum
prangt dein Name, spürst du,
wie der Wirkstoff bis fast an die Verfassergrenze reicht?

UND SPIELE

Der Regen ist ein Nasszeller, Nässeseller.

Phalanx oder Phalangen. Unverlangt aufgewandt.

Regentropfen wie die einzelnen Ichs der Silbernelle.

Kleine Tanker allen Wassers. Voller Taucherkrankheit.

Regen wie vom Eisenginster abgeprallt.

Regen wie um die Feuchtigkeit zu überprüfen.

Regen, bei dem man das H vergessen hatte oder vergaß.

rain. chrain. srain. frain. neither sealed nor sold.

Das könnte doch im Moment gut ein Sonnentautupferniederschlag sein.

99

Kannst du den Regen schütteln wie kleinen Fisch?

Eher keine geschlossene Regendecke, eher offene Wolkenkissen.

Papiermontag. Der Tag, an dem man keinem Schwarzregner begegnen möchte.

Apostrophe, nassgeweltet.

Der Regen, der kam, damit es trocken ist.

Ich hörte, wie jemand den Regen fühlte, den jemand sah, ganz grau
vor Durchsichtigkeit.

Dieses scheinsymmetrische Geräusch, dieses Geräusch.

Regen wie von Müllmännern beobachtet, von Krankenschwestern
mit Größe bedacht.

Philosophen nannten die Tropfen auch spät am Abend noch *Monopoden*.

Die Varietät einer alten Redewendung reichte
vom im Osten der Stadt bekannten »Der Himmel bringt uns Nonnen bei«
bis zum im Westen üblichen »Schlechtes Wetter guter Mönche«.

Die »Reue« Regen.

Regen, mit dem das Meer die Möwen nährte.

Manchmal war ein Wasser ausgesandt, das die Gehwegplatten deckte
wie ein Gel.

Regen in Smithfield: bringt junge Schmiede zum Sprießen.

Der Montag ist der Regen unter den Wochentagen.

Auf den Bus warten wie auf einen Regen. Trockene, fast dürre Münzen
in der Hand.

Regen wie Halogen unter den Fingernägeln. Ein *Finnegans Wake*
des Regens.

Regen, mit dem das Meer die Möwen weiht.

,,*

Regen ohne Niederschlag. Rückraum eines Wissens aus der Ferne.

,,*

Dezember: Klima der Westfee, Regen nördlicher Saudade.

,,*

Man geht die Liffey lang, Ebbe gewordene Flut, die Wellen regentisch schwingend, und denkt an stillen Durst und das Weichmachermeer.

,,*

Ich höre Nebelhörner, die informieren, jemand wollte zwei Kilo Westküstenregen in ein Kilo nordirischen Regens umgewandelt haben. Uns fehlen die Finger dafür, liest man dann morgens in der Zeitung.

,,*

Diese kleine Flutschlast, nie kommt sie alleine. Nie bleibt sie gemeinsam.

,,*

Regen wie Sprossen von Monsun.

,,*

Regen, der zu Hause nachreift.

POLLENSPIELE

für Friederike Scheffler

Ich reise gern mit | Pollen.

Die kleinen stelle ich | mir immer als komprimierte Ginsterblüten vor.

Neuerdings gießt man Pollen | kalt auf.

Der Pollenkelterer, die Pollenvollnixe, der Pollendisruptor. Vorhang.
René Pollesch. Pollenflaumwand. Irgendwo dazwischen. | Ich. | Irgendwann
zur Pollenstunde. Irgendwandelbar.

Die auf den Pollen losgingen?
Ich glaube, die trugen | Windpockencamouflage, Sombreros.
Es waren drei, | solang sie lebten.

In deinem Pollen ist heute ja eine Art Separatismus, | der (die) mich ankotzt.

Gehört Pollen zur Natur oder bereits zur Liebe?

Zwei Damen kommen ins Café. Ein junger Mann liest. Ich frage | ihn,
ob er auch Pollen verwende. Er sagt: Ja. Aus Versehen
bestelle ich Naturen.

»Pollen« erinnert mich an eine 14, über die man Apfelmus geschüttet hat.

Ein Anathema des Windes, heißt es. Dann | sind sie mit ihrem Latein am Ende.

Zuerst kommt der Pollen für Don Quijote (ob seiner | Sanftheit),
zuletzt kommt es zum »vice versa«.

Die Sonne wohnt im größten Pollen | noch.

Ich habe dich | geliebt: Das passt | auf keinen Pollen.

Ein bisschen ist es schwierig mit der Schönheit, der frappanten Wucht.

Man fährt tausendmal an einem Sachverhalt vorbei, dann ist er plötzlich schön.

Etwas ist schön, weil ich nicht weiß, warum.

Etwas ist schön, weil ich nicht genau weiß.

Oder ist schön, weil ich es weiß.

Weil ich es nicht wissen will.

Weil es schön sein soll, einfach schön sein soll.

Wie viel Schönheit brauchen wir, ertragen wir? Erkennen wir sie immer,
das heißt bestätigen wir sie immer? Uns selbst.

Ich kann Schönheit manchmal nicht von Birnen unterscheiden.

Aber ich weiß, sie darf kein Immer sein. Sie darf gern im Abseits schimmern,
um dann als Explosion gekleidet hervorzutreten.
Hamlet- und Opheliaschönheit in einem.

Schönheit ist Ersatz fürs Ganze. Nadelöhr ins Ontische hinein, hinaus.

Schönheit: der geringstmögliche Abstand zur Poesie.

Gibst du mir »schön«, geb ich dir »andersschön«; sinnschön, emanationsschön,
surrogatschön, unterschön und überschön.

Odeur de bien, de belle, de beau.

Schönheit für Eremiten: die Nichtsheit, die Höhle leer, kein Platonfilm.

Das erste Mal die aus-dem-Bauch-heraus-Schönheit erleben.

Ein Stück erwachsener werden. Erwachsen bleiben. Ein Stück kindlich sein können.

Ein Auffüllvorgang: Ich habe mir etwas schön. Das Gebilde »Schmetterling« schwirrt meinen inneren Norden auf den inneren Süden zu. In viele bis alle Temperaturen der Innigmöglichkeit.

Ich glaube ja, Schönheit eliminiert die Kategorie »Misstrauen«.

Das Rotkäppchen, das vom Weg abweicht, entscheidet sich für Schönheit.

Odysseusschönheit.

Grau in grau aus Grau über etwas Grauem. Wie schön das sein kann!

Die Paulusschönheit aus der Saulusschönheit.

Die Membran zu spüren zu etwas Herausgehobenem. Diese Membran zu sein.

In einem Wörterbuch zur Schönheit müsste stehen: Schönseligkeit. Schönegorie, Schönelle.

Die Wahrheit liegt zwischen Hypo- und Hyperschönie.

Das Schöne ist das Jenseits der Parameter.

Das in sich selbst mit einem selbst.

Eigentlich ist es einfach: Schön ist, was nicht geschönt ist.

In der Schönheit ist Transition.

Wir müssen akzeptieren, dass wir sie nicht halten können, sie verändern müssen, sie mit uns verändern müssen.

Schönheit ist kein Vorort.

tief Atem holen | und rauben: einen Schritt | doch dann Arm zugeben, die Finger
sich an *Schwarm* versuchen lassen | hinterm Rücken
knicken | und wieder Atem zücken, alle Horizonte bilden
Arme, Beine, man kann das Fliegen fliegen
hören, oder floren, sich in großem Abstand aneinanderschmiegen,
mit einer Musik | dazwischen, die mittels Zehen
dem Boden einen stillen Plan eindrückt, sich Position verschaffen, gestandener
Blick, geschliffene Bewegung, und nicht nur ich, nein, synchrotopisch,
skin-to-skin-kinetisch, ein Innehalten | schwingen
und dann im Ungeformten mit dem Körper | ein neues Lied:
beginnen.

den Raum freischreiben, frei | sich vorstellen, der Raum bewege
sich und die Bewegung stünde und ein Verharren
stünde an,
sei vorzunehmen auf der Ebene | eines Hörens | um sich
aus sich selbst heraus zu hören
als ein Detail | eines unbekannten unberaumten Zustands | oder Abstands,
in dem man sich ineinanderschmiegt | und wiegt
wie ensembliert | und gleich
und gleichzeitig auch singulär, das Federnde der Glieder,
das keine Federn bildet, nur
vielleicht einen Schwall an Schönheit, ein fremdes Land,
eine gewonnene Begegnung:
Hand.

die vielen Instrumente | eines Tanzens: Geste,
Finte, elegant galante Uneigentlichkeit, also Licht und Schweif: die Tautropfen,
die jede Mühe der Hingabe aufsetzt,
ich bin benetzt, umwirrt, ich schwirre mich
im anderen, ich korreliere
Zeit an Zeit, verbreite Vielsamkeit, bin dem Momentanen
eine Positur: gelöst
und eingelöst, Verwandlung
wie das durch mich gestellte Atmen:
the light, the quiet.

ich | erinnere mich, wir gingen uns
ins Schweben, zum Beispiel | Knie gebeugt an einen Chor
aus abgespreiztem Blick,
groß hinter dem Komma einer Drehung | wieder Intimität, Hervorgehen, Haut
ausüben (bring mir doch dein Allegretto),
eine Fuge schwanken, die Gliedmaßen für Kosung | (*the better hands*)
in Musik abändern, dies umwerben dann
mit Schwarzstich: die Sehnen zum eigenen Tod
gespannt.

Für die Arbeit an diesem Buch erhielt der Autor 2016 ein Stipendium des Senats von Berlin.
Hierfür sei herzlich gedankt.

INHALT